KB082119

더 스타트

나를 완성하는 힘

더 스타트

나를 완성하는 힘

닐 게이먼
지음

명선혜
옮김

odos

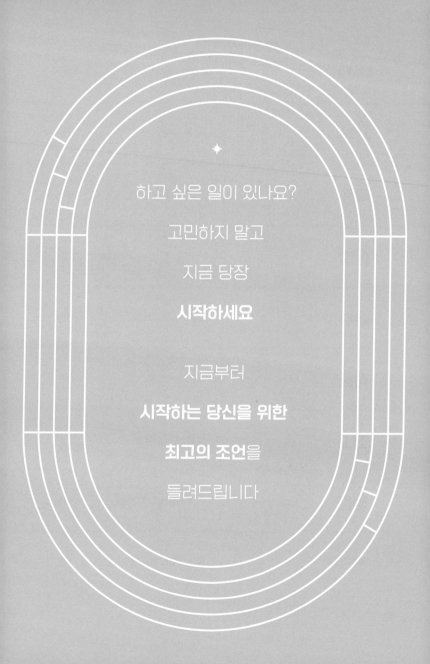

하고 싶은 일이 있나요?

고민하지 말고

지금 당장

시작하세요

지금부터

시작하는 당신을 위한

최고의 조언을

들려드립니다

CONTENTS

프롤로그

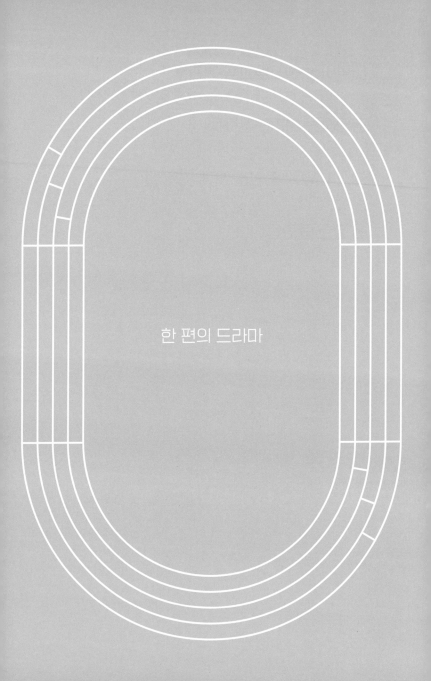

한 편의 드라마

대학이라는 고등교육 기관을

졸업하는 여러분 앞에서

제가 이렇게 조언을 하게 되는 날이

올 줄은 몰랐습니다.

I never really expected to find myself giving advice to people graduating from an establishment of higher education. I never graduated from any such establishment.

저는 대학을 다니지 않았습니다.
아예 대학에 들어갈 생각조차
안 했으니까요.

그토록 원하던 작가가 되기도 전에
4년이나 더 학교 교육을 받아야 한다니!

숨이 막힐 것 같아
최대한 빨리 학교에서 도망쳤습니다.

I never even started at one. I escaped from school as soon as I could, when the prospect of four more years of enforced learning before I'd become the writer I wanted to be was stifling.

저는 바로 사회로 나왔습니다.

글을 쓰고,

또 쓰고,

쓰다 보니 이전보다 나아져서
더 많은 글을 쓰게 되었죠.

저는 글을 쓰며
이런저런 이야기를 지어내곤 하는데,

그것을 신경 쓰는 사람은
아무도 없는 것 같더라고요

:]

독자는 그저 완성된 글을 읽고
그에 대한 대가로 돈을 지불합니다.

물론 돈을 안 내고 보는 사람도 있긴 하죠

:]

자신들을 위한 글을 써달라고
요청하는 때도 종종 있었습니다.

.

I got out into the world, I wrote, and I became a better writer the more I wrote, and I wrote some more, and nobody ever seemed to mind that I was making it up as I went along, they just read what I wrote and they paid for it, or they didn't, and often they commissioned me to write something else for them.

대학교를 졸업한 제 친구들과 가족들은
대학이라는 고등교육을
저처럼 부정적인 시선으로
바라보지 않았습니다.

일찍이 고등교육의 필요성을 존중하고
긍정적으로 바라본 것이겠지요.

대학교육을 도망쳐온 저지만
글을 쓰는 과정에서
이런저런 경험이 쌓이다 보니
저도 뒤늦게나마 대학교육을 존중하고
좋은 시선으로 보게 되었습니다.

Which has left me with a healthy respect and fondness for higher education that those of my friends and family, who attended Universities, were cured of long ago.

지난 시간을 되돌아보니,
제 **인생**은
한 편의
드라마였습니다.

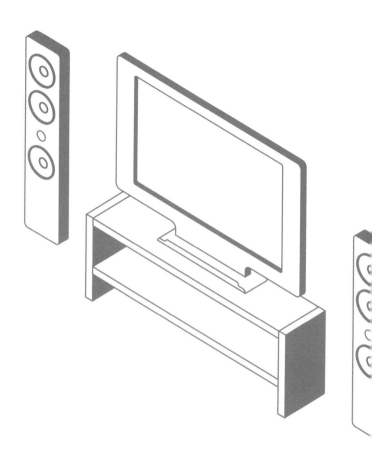

Looking back, I've had a remarkable ride.

제가 걸어온 길을
딱히 경력(career)이라 칭할 수 있을지는
모르겠습니다.

경력이라 하면
직업적 성취를 위한 계획을 세우고
달성하는 일이 내포되어 있는데,
저는 단 한 번도
그런 적이 없었거든요.

I'm not sure I can call it a career, because a career implies
that I had some kind of career plan, and I never did.

그나마 비슷하게 한 일이라곤

15살 때

하고 싶은 모든 일을 적어
목록으로 만들어 본 것이 전부입니다.

The nearest thing I had was a list I made when I was 15 of
everything I wanted to do.

어른들을 위한 소설,

아동 도서,

코믹 도서,

영화 시나리오 쓰기,

오디오 북 녹음해 보기,

〈닥터 후Doctor Who〉 같은
드라마 대본 쓰기 등.

역주: 닥터 후Doctor Who 1963년 11월 23일~현재까지 가장 긴 방송 드라마로 기네스북에 오른 영
국 SF 드라마 시리즈.

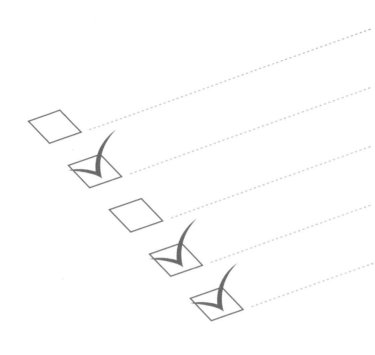

: to write an adult novel, a children's book, a comic, a movie, record an audiobook, write an episode of Doctor Who... and so on.

사실 저에게는
경력이라고 할 만한 것이 없습니다.

그저 하고 싶은 일을 적어놓은 대로
하나하나 했을 뿐입니다.

I didn't have a career. I just did the next thing on the list.

그래서 오늘 여러분께
두 가지 이야기를 해드리고자 합니다.

하나는
제가 작가로서 첫발을 내딛던 그때
알았더라면 좋았을 것들이고,

또 하나는
지금 생각해 보니 그때
이미 알고 있었던 것 몇 가지입니다.

또한,

저는 따르지 못했지만,
**여러분께는 최고의 조언이 될 만한
것들도 알려드리겠습니다.**

So I thought I'd tell you everything I wish I'd known starting out, and a few things that, looking back on it, I suppose that I did know. And that I would also give you the best piece of advice I'd ever got, which I completely failed to follow.

1

시작

p.236

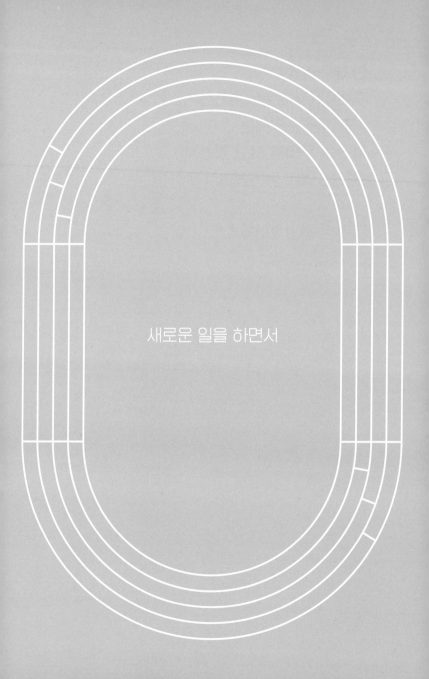

새로운 일을 하면서

먼저,
무엇이든 새로운 일을
시작하는 순간에는
**자신이 무엇을 하고 있는지
모르는 것**이 당연합니다.

이것은 좋은 현상입니다.

First of all:

When you start out on a career in the arts you have no idea what you are doing.

This is great.

자신이 무엇을 하고 있는지
알고 있다면 정해진 규칙을
아는 것이고,

결국은 무엇이 가능하고
무엇이 불가능한지도
알고 있다는 뜻이니까요.

People who know what they are doing know the rules, and know what is possible and impossible.

그러나 여러분은
그런 것을 모릅니다.
알아서도 안 되고요.

You do not. And you should not.

일의 세계에서 무엇이 가능하고
무엇이 불가능한지에 대한
규칙을 정한 사람들은

그 범위 너머의 가능성과 한계를
시험조차 해 보지 않은 사람들입니다.

The rules on what is possible and impossible in the arts were made by people who had not tested the bounds of the possible by going beyond them.

그러나 여러분은
그 **가능성**을
뛰어넘어 볼 수 있습니다.

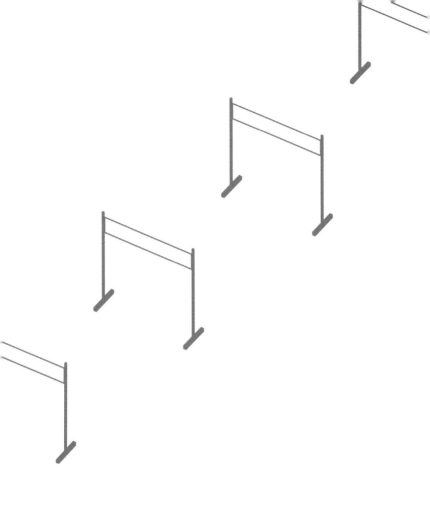

And you can.

새로운 일을 하면서

어떤 것이 불가능하거나
무모한 시도라는 것을 모른 채
뛰어드는 편이
훨씬 쉽습니다.

If you don't know it's impossible it's easier to do.

새로운 일을 하면서

아무도 시도한 적이 없다면
그 노력조차 막아버리는
규칙이라는 것이
만들어지지도 않았겠죠.

And because nobody's done it before, they haven't made
up rules to stop anyone doing that again, yet.

2

목표

p.238

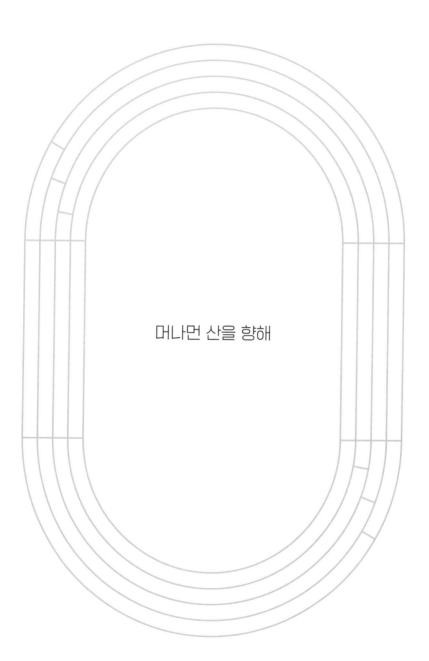

머나먼 산을 향해

두 번째로,

만약 여러분이 어떤 일을 하고 싶은지,
무엇 때문에 그 일을 하려고 하는지
정확히 알고 있다면,

주저하지 말고 생각한 대로 하십시오.

Secondly:

If you have an idea of what you want to make, what you were put here to do, then just go and do that.

물론 말이 쉽지
생각했던 것보다 훨씬
어려울 때도 있을 것이고,

막상 다 해놓고 보니
생각했던 것보다 훨씬
쉬웠다고 느낄 때도 있을 것입니다.

왜냐하면,
자신의 꿈을 이루기까지
해야 할 일이 있기 때문입니다.

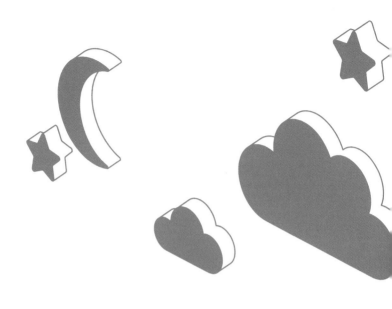

And that's much harder than it sounds and, sometimes in the end, so much easier than you might imagine.
Because normally, there are things you have to do before you can get to the place you want to be.

저는 만화, 소설, 극본, 영화
시나리오를 쓰는 작가가 되고 싶었습니다.

그래서 저널리스트가 되었습니다.

저널리스트가 되면 질문을 할 수 있고,

밖으로 나가 세상이
어떻게 돌아가는지도 알아낼 수 있고,

무엇보다도 글을 쓰고
또 더 잘 쓰는 데 필요한
일을 할 수 있기 때문입니다.

저널리스트로서 돈을 벌면서
간결하고 명료한 글쓰기를 배웠으며,

때로는 불리한 상황에서도
마감 시간에 맞춰 글을 쓰는 법을
익혔습니다.

I wanted to write comics and novels and stories and films, so I became a journalist, because journalists are allowed to ask questions, and to simply go and find out how the world works, and besides, to do those things I needed to write and to write well, and I was being paid to learn how to write economically, crisply, sometimes under adverse conditions, and on time.

하고 싶은 일을 하기 위해
무엇을 해야 하는지
뚜렷한 길이 보이는 경우도 있고,

과연 지금 내가 잘하는 것인지
판단조차 불가능할 때가 있습니다.

현실을 무시하고
꿈만 좇을 수 없기 때문입니다.

생계를 해결하고,

빚을 갚아 나가고,

일자리를 알아보고,

주어진 환경에 맞춰
살아가야 하기
때문입니다.

Sometimes the way to do what you hope to do will be clear cut, and sometimes it will be almost impossible to decide whether or not you are doing the correct thing, because you'll have to balance your goals and hopes with feeding yourself, paying debts, finding work, settling for what you can get.

그럴 때마다 제가 쓴 방법은
꿈을 이루기 위해 가야 하는 곳을
산으로 상상하는 것이었습니다.

주로 소설을 쓰면서,
좋은 책과 만화도 써가며
생계를 유지하는 일이
제 꿈이었습니다.

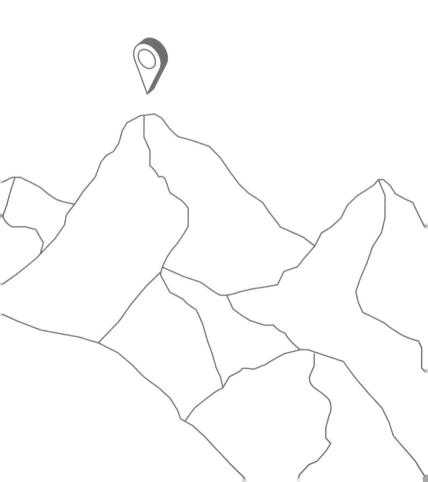

그래서, 작가가 되기 위한 일은

머나먼 산을 향해 떠나는 것과
같다는 상상을 하곤 했죠.

Something that worked for me was imagining that where I wanted to be - an author, primarily of fiction, making good books, making good comics and supporting myself through my words - was a mountain. A distant mountain. My goal.

산을 향해 계속 걸어가는 한
올바른 길로 잘 가고 있는 것이라
믿었습니다.

And I knew that as long as I kept walking towards the mountain I would be all right.

정말로 무엇을 해야 할지
알 수 없을 때는

그저 걸음을 멈추고

지금 내가 그 산을 향해 가고 있는지,
반대편으로 가고 있는지 살펴봤습니다.

목표

And when I truly was not sure what to do, I could stop, and think about whether it was taking me towards or away from the mountain.

잡지 편집 같은 적당한 벌이의
적당한 일자리가 매력적이긴 하지만,
제가 도달해야 할 산과는
점점 멀어지는 직업이죠.

당연히 거절했습니다.

만약 그런 일자리가 더 일찍 들어왔다면
승낙했을지도 모릅니다.

당시 내가 서 있던 곳보다
잡지 편집이라는 일자리가
산에 더 가까웠으니까요.

I said no to editorial jobs on magazines, proper jobs that would have paid proper money because I knew that, attractive though they were, for me they would have been walking away from the mountain. And if those job offers had come along earlier I might have taken them, because they still would have been closer to the mountain than I was at the time.

저는 글을 써가며 글을 배웠습니다.
모험처럼 느껴지는 일이라면
무엇이든 했고,

일처럼 느껴지는 순간 그만두었습니다.

제게 있어
삶이란 일처럼 느껴지지 않는다는 것을
의미했습니다.

I learned to write by writing. I tended to do anything as long as it felt like an adventure, and to stop when it felt like work, which meant that life did not feel like work.

3

실패

p.240

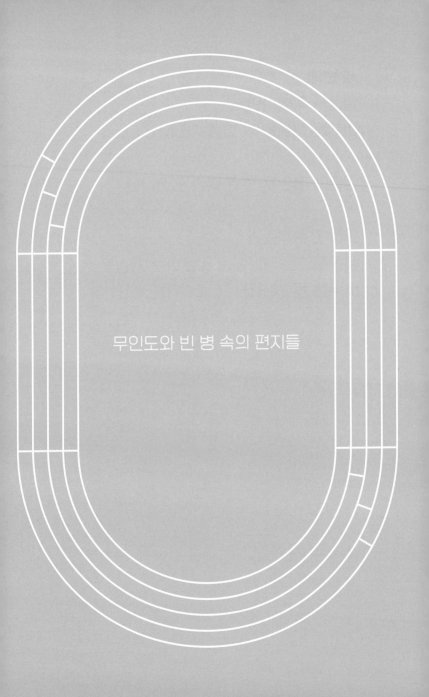

무인도와 빈 병 속의 편지들

세 번째,

일을 시작했다면,
이제는 **실패를 잘 다룰 차례**입니다.

얼굴에 철판을 깔 준비가 되셨나요?

모든 프로젝트가
성공적으로 끝나지는 않는다는 사실도
배우게 될 겁니다.

Thirdly:

When you start off, you have to deal with the problems of failure.

You need to be thickskinned, to learn that not every project will survive.

자기분야의 전문가인
프리랜서의 생활,

프리랜서의 삶은 어떨까요?
[특히 예술을 하는]

실패

여러분은 지금 무인도에 있습니다.

여러 개의 빈 병에 편지를 넣어
바다에 띄워 보냅니다.

바다 건너편 누군가
그 병 중 하나를 건져 편지를 읽습니다.

그리고 그 병 안에 무언가를 넣고
다시 바다에 던집니다.

이제 그 병이 여러분에게
되돌아오길 바라는 것.

그것이 바로 프리랜서의 삶입니다.

A freelance life, a life in the arts, is sometimes like putting messages in bottles, on a desert island, and hoping that someone will find one of your bottles and open it and read it, and put something in a bottle that will wash its way back to you

인정받고,

일자리를 얻고,

돈을 벌고,

인기를 얻으려면,

**수백 개의 병을 띄워 보내도
겨우 하나 돌아온다는 사실**을
받아들여야 하죠.

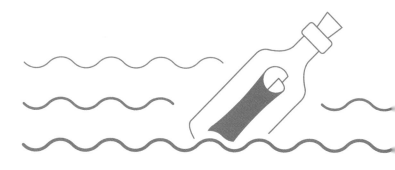

appreciation, or a commission, or money, or love. And you have to accept that you may put out a hundred things for every bottle that winds up coming back.

실패하게 되면
낙심, 절망, 배고픔이 뒤따릅니다.

우리는 지금 당장 모든 일이
잘되기를 원하지만,
일은 꼬이기 마련입니다.

The problems of failure are problems of discouragement, of hopelessness, of hunger. You want everything to happen and you want it now, and things go wrong.

돈을 벌기 위해 쓴 저의 첫 책은
저널리즘과 관련된 내용이었습니다.

이때 받은 돈으로 전동 타자기를 샀죠.
첫 책이 베스트셀러가 되었더라면
큰돈을 벌었을 텐데요.

아쉽게도 초판이 다 팔리고
두 번째 판을 찍기 전
출판사가 망해버렸습니다.

아직 인세도 못 받았는데 말이죠.

My first book - a piece of journalism I had done for the money, and which had already bought me an electric typewriter from the advance - should have been a bestseller. It should have paid me a lot of money. If the publisher hadn't gone into involuntary liquidation between the first print run selling out and the second printing, and before any royalties could be paid, it would have done.

그러나 저는 움츠러들지 않았습니다.
전동 타자기도 갖고 있고,
몇 달 치 집세를 낼 돈도 있었으니까요.

그때부터 저는
오로지 돈을 목적으로 하는 글은
더는 쓰지 않겠노라 다짐했습니다.

돈을 위해 글을 써도
막상 돈을 받지 못하면
아무것도 하지 않은 것이나
다름없으니까요.

And I shrugged, and I still had my electric typewriter and enough money to pay the rent for a couple of months, and I decided that I would do my best in future not to write books just for the money.

대신 **스스로 자부심을
느낄 수 있는 일**을 하면,
돈을 받지 못하더라도

최소한 그 작품만은
제게 남아있을 거로 생각했습니다.

If you didn't get the money, then you didn't have anything.
If I did work I was proud of, and I didn't get the money, at
least I'd have the work.

이따금 이런 규칙을
잊어버릴 때도 있지만,

그럴 때마다 온 우주가
저를 발로 차기라도 하듯
다시 정신 차리게 되는 일이
일어나곤 합니다.

Every now and again, I forget that rule, and whenever I do, the universe kicks me hard and reminds me.

하지만, 제가 흥미를 느끼고
현실에서 일어나길 갈망하며 뛰어든 일은
결코 저를 실망하게 하지 않았습니다.

또한, 그런 일에 쏟아부은 시간은
아깝다는 생각이 전혀 들지 않았습니다.

The things I did because I was excited, and wanted to
see them exist in reality have never let me down, and I've
never regretted the time I spent on any of them.

실패는 언제나 어렵기 마련입니다.

반면,
성공했을 때 생기는 문제 또한
아무도 경고해주지 않기 때문에
그보다 더 어려울 수 있습니다.

The problems of failure are hard.

The problems of success can be harder, because nobody warns you about them.

아무리 사소한 성공에도
문제가 뒤따를 수 있습니다.

그런 문제 중 하나는
내게는 남들에게 들키지 말아야 할
무엇인가가 있으며,
언제라도 이를 남들이 알아챌까 봐
불안감을 느낀다는 것입니다.

이것을
가면 증후군Imposter Syndrome이라고도 하는데,
제 아내 아만다Amanda는 이 병을
'사이비 경찰'이라고 부릅니다.

역주: 가면 증후군Imposter Syndrome, 또는 사기꾼 증후군. 현재 가지고 있는 지위나 역할이 자신에게 과
분하다고 생각해서 나타나는 증후군으로, 자신이 가면을 쓰고 다른 사람들을 속이고 있다고 생각하
는 증후군.

실패

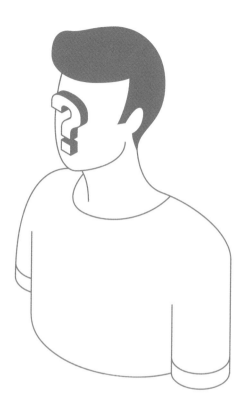

The first problem of any kind of even limited success is the unshakable conviction that you are getting away with something, and that any moment now they will discover you. It's Imposter Syndrome, something my wife Amanda christened the Fraud Police.

저는 어떤 상상을 했을까요?

클립보드를 든 한 남자가 문을 두드립니다.
왜 클립보드를 들었는지 모르겠지만
제 머릿속에서는 그렇습니다.

문을 열자마자 모든 것이 끝났다고
얘기하며 저를 끌고 갑니다.

이제 저는 진짜 일자리를 찾아야 합니다.
이야기를 지어내고 글로 쓰는 일,
읽고 싶은 책을 읽는 일은
더는 할 수 없습니다.

다른 일자리를 찾으라는 거죠.

저는 아무런 변명조차 못 하고
이야기를 꾸며낼 수 없는
다른 일을 구합니다.

In my case, I was convinced that there would be a knock on the door, and a man with a clipboard (I don't know why he carried a clipboard, in my head, but he did) would be there, to tell me it was all over, and they had caught up with me, and now I would have to go and get a real job, one that didn't consist of making things up and writing them down, and reading books I wanted to read. And then I would go away quietly and get the kind of job where you don't have to make things up any more.

성공으로 생기는 문제는
실제 현실 속에 존재합니다.
운이 좋다면 여러분도
경험하게 될 것입니다.

이때 조심해야 할 것은
모든 일을 전부 다 하겠다고
수락해서는 안 된다는 겁니다.

**언젠가 바다에 던졌던 병들이
모두 돌아오고 있기에,**

이제 **거절하는 법**을 익혀야 합니다.

The problems of success. They're real, and with luck you'll experience them. The point where you stop saying yes to everything, because now the bottles you threw in the ocean are all coming back, and have to learn to say no.

저는 동기들과 친구들,
선배들이 걷는 길을 지켜보며,

그들 중 일부가 겪는 고통을
바라봐야 했습니다.

그들은 자신의
현재 위치를 지키기 위해
매달 어느 정도 벌이가 되는
일을 해야 해서,

하고 싶었던 일을 하는 것은
상상조차 할 수 없다고 털어놓았습니다.

정작 중요한 일,

**정말 하고 싶은 일을
더는 할 수 없게 된 것**이죠.

이는 그 어떤 실패 못지않게
큰 비극인 것 같습니다.

I watched my peers, and my friends, and the ones who were older than me and watch how miserable some of them were:

I'd listen to them telling me that they couldn't envisage a world where they did what they had always wanted to do any more, because now they had to earn a certain amount every month just to keep where they were.
They couldn't go and do the things that mattered, and that they had really wanted to do; and that seemed as a big a tragedy as any problem of failure.

이제 **성공할 때 생기는 가장 큰 문제**가
여러분을 기다리고 있습니다.

여러분이 성공을 이루었다면,
세상은 똘똘 뭉쳐 여러분이
더는 성공하지 못하게 방해할 것입니다.

And after that, the biggest problem of success is that the world conspires to stop you doing the thing that you do, because you are successful.

저에게 벌어진 일은 이랬습니다.

어느 날 정신을 차려보니,
작가로서의 글쓰기 능력으로
이메일을 쓰고 있고,
글은 취미로 쓰고 있는 저를 발견한 거죠.

이 문제는 이메일 답장을 줄여나가고
더 많은 글을 써 내려감으로써
해결할 수 있었습니다.

There was a day when I looked up and realised that I had become someone who professionally replied to email, and who wrote as a hobby. I started answering fewer emails, and was relieved to find I was writing much more.

4

실수

p.242

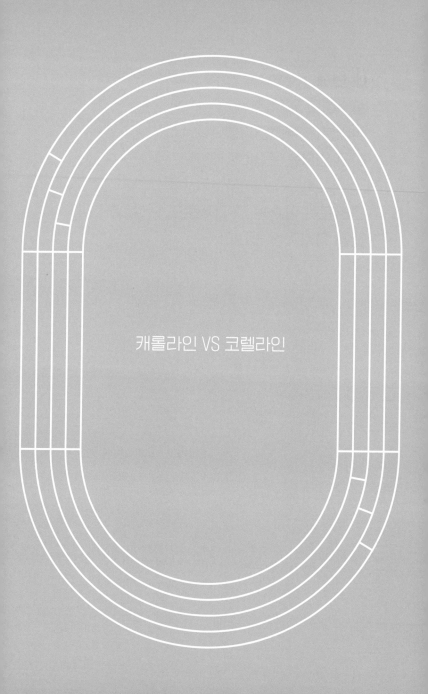

캐롤라인 VS 코렐라인

네 번째,
실수하고 있다면,
여러분이 무엇인가를
하고 있다는 뜻입니다.

그러므로 **실수는 그 자체로도**
활용 가치가 있습니다.

Fourthly:

I hope you'll make mistakes. If you're making mistakes, it means you're out there doing something. And the mistakes in themselves can be useful.

언젠가 편지를 쓰면서 캐롤라인^{Caroline}의
'a'를 'o'로 잘못 쓴 적이 있었습니다.

그런데, "코렐라인^{Coralline}이 더
진짜 이름 같네"라는 생각이 들었습니다.

역주: 《코렐라인^{Coralline}》. 2002년에 출판된 닐 게이먼의 아동 문학. 판타지 문학에 수여하는 네 가지
상(휴고상, 네뷸러상, 로커스상, 브램스토커상)을 모두 수상하고 2009년에는 영화와 뮤지컬로도
제작됨.

I once misspelled Caroline, in a letter, transposing the A and the O, and I thought, "Coraline looks like a real name..."

여러분이 어떤 분야에 몸담고 있든
– 직장인이든, 음악가든, 사진작가든, 훌륭한
예술가나 만화가든, 작가든, 댄서든, 디자이너
든 –
변하지 않는 사실이 한 가지 있습니다.

And remember that whatever discipline you are in, whether you are a musician or a photographer, a fine artist or a cartoonist, a writer, a dancer, a designer, whatever you do you have one thing that's unique.

여러분 모두가 타인에게 없는
단 한 가지를 갖고 있다는 사실입니다.

여러분 모두에게는 능력이 있습니다.

바로 자신의 일을 통해
**자신의 삶을 예술로 창조해내는
능력**입니다.

You have the ability to make art.

저도 그랬고, 제 지인들도 그랬습니다.

이 특별한 사실 하나가
우리 모두를 구원한 것입니다.
결정적 구원 투수인 셈이죠.

상황이 좋을 때도

상황이 나쁠 때도

언제나 변치 않고 여러분을 도울
진리인 셈입니다.

And for me, and for so many of the people I have known,
that's been a lifesaver.
The ultimate lifesaver.
It gets you through good times and it gets you through
the other ones.

인생에는 어려움이 찾아오기 마련입니다.

삶과 사랑, 사업, 우정, 건강

그리고 다른 모든 일 속에서
어려움을 마주하곤 합니다.
일이 힘들어질 때,

우리들은 어떻게 해야 할까요?

Life is sometimes hard. Things go wrong, in life and in love and in business and in friendship and in health and in all the other ways that life can go wrong. And when things get tough, this is what you should do.

**멋진 예술 작품으로 만드는
기회**로 삼으십시오.

그냥 하는 말이 아닙니다.

Make good art.

I'm serious.

남편이 바람이라도 났나요?
〔마음 아프지만〕

멋진 예술 작품으로 만들어버리세요.

Husband runs off with a politician? Make good art.

다리가 으스러져 달아날 수도 없는데
눈앞에는 보아뱀이 앉아 있는 것만큼
절망적인 상황인가요?
(바로 그때, 그 다급한 순간마저도)

멋진 예술 작품으로 만들어버리세요.

Leg crushed and then eaten by mutated boa constrictor? Make good art.

세금납부 독촉을 받고 있나요?
[그 압박조차도]

멋진 예술 작품으로 만들어버리세요.

IRS on your trail? Make good art.

평소 기르던 고양이에게
무슨 일이라도 생겼나요?

오히려 **더 멋진**
예술 작품으로 만들어버리세요.

Cat exploded? Make good art.

누군가 인터넷을 통해
당신이 하는 일이 별 볼 일 없고,
따분한 짓이라며 비방이라도 했나요?

심지어 이런 일이 처음이 아니라고요?

그렇다면 더더욱
멋진 작품으로 만들어버리세요.

Somebody on the Internet thinks what you do is stupid or evil or it's all been done before? Make good art.

결국,

**일은 어떻게든 잘 풀릴 것이고,
시간이 지나면 그런 상처도
사라질 것입니다.**

하지만 그건
중요하지 않습니다.

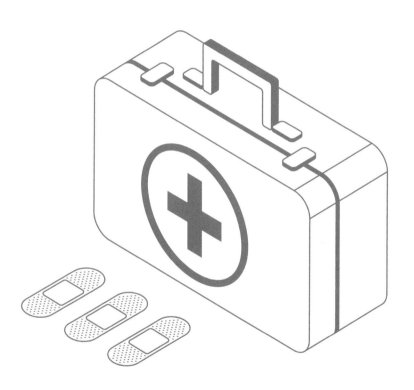

중요한 것은
여러분 **각자가 가장 잘하는 것**을
하는 것입니다.

바로 **자신의 일과 상황을
멋진 예술 작품으로 만들어 내는 것**이지요.

Probably things will work out somehow, and eventually time will take the sting away, but that doesn't matter. Do what only you do best. Make good art.

좋은 날들을
맞이할 때도
멋진 예술을
하십시오.

Make it on the good days too.

5

작품

p.244

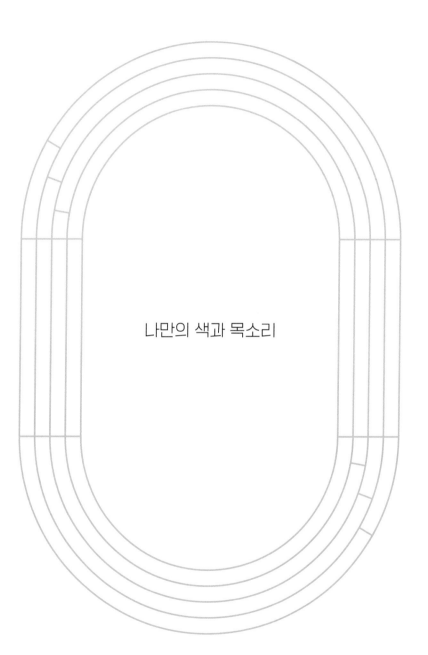

나만의 색과 목소리

그리고 **다섯 번째**,

이왕 하는 거,

당신만의 예술 작품을 만드십시오.

여러분만이 할 수 있는 것을 해야 합니다.

And Fifthly:

while you are at it, make your art. Do the stuff that only you can do.

무엇인가를 시작할 때는
다른 사람의 성과나 작품을
모방하고 싶어집니다.

그러나 이것은 나쁜 것이 아닙니다.

대부분 사람들이 다른 사람의
성과나 작품을 모방하는 과정에서
자기만의 색과 목소리를 찾아갑니다.

The urge, starting out, is to copy. And that's not a bad thing. Most of us only find our own voices after we've sounded like a lot of other people.

그것은 누구도 가지지 못한
단 한 가지입니다.

바로 **'나'라는 존재**입니다.

나만의 목소리, 나만의 생각,
나만의 이야기, 나의 비전이죠.

그러니 **오로지 나만의 방식대로**

일을 하고,
글을 쓰고,
그림을 그리고,
공연이나 연기를 하고,
춤을 추며 사십시오.

But the one thing that you have that nobody else has is you. Your voice, your mind, your story, your vision.
So write and draw and build and play and dance and live as only you can.

꼭 벌거벗고 길을 걷는 것처럼
느껴지는 순간이 올 것입니다.
내 생각과 마음, 내면의 세계가
전부 다 드러난 것처럼 때가 오는 것이죠.

그런데 어쩌면,
그 순간이야말로 여러분이 올바른 길을
걷기 시작하는 순간일지도 모릅니다.

The moment that you feel that, just possibly, you're walking down the street naked, exposing too much of your heart and your mind and what exists on the inside, showing too much of yourself. That's the moment you may be starting to get it right.

가장 인기를 누렸던
저의 작품들을 생각해 보면,
저는 그때마다 오히려 자신이 없었습니다.

제 작품을 좋게 평가하는 사람도 있겠지만,
삼삼오오 모여 세상이 끝날 때까지
졸작이라며 수군거리면 어떡하나
염려도 되곤 했습니다.

지금 생각해 보면 그런 성공작들에는
공통점이 있습니다.

바로 작품의 성공을
독자가 평가했다는 것입니다.

글을 쓰는 저로서는 알 수 없는 것이지요.

작품

The things I've done that worked the best were the things I was the least certain about, the stories where I was sure they would either work, or more likely be the kinds of embarrassing failures people would gather together and talk about until the end of time.

They always had that in common: looking back at them, people explain why they were inevitable successes. While I was doing them, I had no idea.

사실 아직도 잘 모르겠습니다만,

성공할 것을 미리 알면
무슨 재미가 있을까요?

I still don't. And where would be the fun in making
something you knew was going to work?

가끔은 제가 쓴 글이
정말 안 먹힐 때도 있습니다.
초판만 인쇄되고 끝난 경우도 있고,
일부는 세상에 소개조차 안 되고
묻히기도 했습니다.

그러나 저는 이런 일들을 통해서도
성공한 작품 못지않게
많은 것을 배웠습니다.

And sometimes the things I did really didn't work. There are stories of mine that have never been reprinted. Some of them never even left the house. But I learned as much from them as I did from the things that worked.

6

최고

p.246

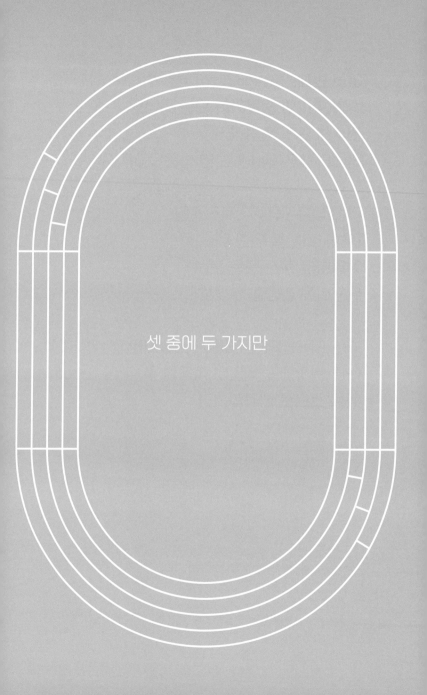

셋 중에 두 가지만

여섯 번째,
자기 분야의 전문가가 되는 비법을
전수해 드리겠습니다.
비법이란 언제나 있으면 좋은 것이지요.

이 비법은 멋진 자기만의 일
[특히, 타인을 위한 예술]을
계획하고 계신 모든 분이
유용하게 활용할 수 있습니다.

저는 이 비법을 만화에서 배웠지만,
다른 분야에도 똑같이 적용할 수
있을 것으로 생각합니다.

그 비법은 이렇습니다.

Sixthly:

I will pass on some secret freelancer knowledge. Secret knowledge is always good. And it is useful for anyone who ever plans to create art for other people, to enter a freelance world of any kind. I learned it in comics, but it applies to other fields too. And it's this:

직업을 구하는 사람이라면
어떻게든 일자리를 구하려고 하겠죠.

제 경우에는,
요즘 같으면 간단히 검색해서
확인 가능한 일로 거짓말을 해서
자신을 궁지에 빠뜨린 적이 있습니다.

최고

제가 구직활동을 하던 당시만 해도
인터넷이 없던 때라
이 비법이 꽤 괜찮아 보였거든요.

같이 일해 본 편집자에 대해
말해 보라는 질문에,
매우 자신 있는 목소리로
그럴듯해 보이는 잡지사 이름을
몇 개 말했습니다.

People get hired because, somehow, they get hired. In my case I did something which these days would be easy to check, and would get me into trouble, and when I started out, in those pre-internet days, seemed like a sensible career strategy: when I was asked by editors who I'd worked for, I lied. I listed a handful of magazines that sounded likely, and I sounded confident, and I got jobs.

그곳에 취직이 되었지만,
면접 때 거짓말로 나열했던
잡지사에 관한 글을 써야 했죠.

결론적으로는 거짓말로 언급한
잡지사에 관한 글을 쓰게 됐으니,
제가 딱히 거짓말을 한 것은 아닌 셈이죠.
그저 시간 순서가 조금 바뀌었다고
생각하기로 했습니다.

여러분도 어떻게 해서든
결국 일자리를 얻게 될 것입니다.

I then made it a point of honour to have written something for each of the magazines I'd listed to get that first job, so that I hadn't actually lied, I'd just been chronologically challenged... You get work however you get work.

이 전문가들의 세계에서 사람들은
계속해서 일을 해 나갈 것이고,
더욱이 요즘은 직장에 소속되지 않고
혼자 일하는 전문가가
점점 더 많아지는 추세입니다.

그들을 프리랜서라고 부릅니다.

왜 그럴까요?

프리랜서는 일을 잘합니다.
같이 일하기도 편하죠.
마감에 맞춰 일을 끝냅니다.

People keep working, in a freelance world, and more and more of today's world is freelance, because their work is good, and because they are easy to get along with, and because they deliver the work on time.

그리고 위 세 가지 조건을
다 만족시키지 않아도 됩니다.

3가지 중 2가지만 잘하면 됩니다.

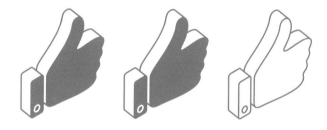

And you don't even need all three. Two out of three is fine.

좋은 품질로 마감을 잘 지키는
프리랜서라면,

같이 일하기 불편한 사람이라는
사실쯤은 문제가 되지 않습니다.

People will tolerate how unpleasant you are if your work is good and you deliver it on time.

프리랜서의 작업이 훌륭하고
사람들도 같이 일하기 좋아한다면,

마감 시간이 조금 넘어가도
충분히 용서될 수 있습니다.

They'll forgive the lateness of the work if it's good, and if
they like you.

셋 중에 두 가지만

혹은 같이 일하기 좋은 사람이고
시간도 잘 지키는 프리랜서라면,

월등한 실력을 갖추지 않아도
괜찮습니다.

And you don't have to be as good as the others if you're on time and it's always a pleasure to hear from you.

7

행운

p.248

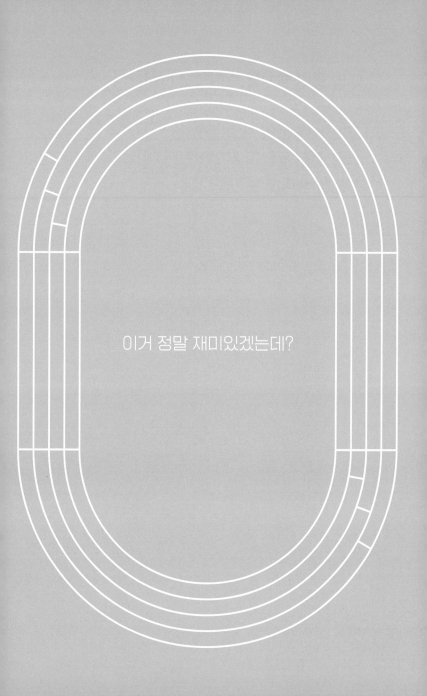

이거 정말 재미있겠는데?

이번 졸업 축사를 수락하고 나서,

지난 세월 동안 제가 들었던
가장 멋진 조언이 무엇이었는지
천천히 생각해 보았습니다.

행운

When I agreed to give this address, I started trying to think what the best advice I'd been given over the years was.

제가 지금까지 들어봤던
조언 중 가장 멋진 조언은
미국의 베스트셀러 작가인
스티븐 킹Stephen King이
제게 해준 말이 아닌가 싶습니다.

20년 전,
제가 쓴 그래픽 노블(만화형 소설)인
《샌드맨Sandman》이 한창 성공가도를
달리고 있던 때였습니다.

사람들은 샌드맨을 사랑해 주었고,
진지하게 읽어주었죠.

And it came from Stephen King twenty years ago, at the height of the success of Sandman. I was writing a comic that people loved and were taking seriously.

스티븐 킹 역시 샌드맨을 좋아했고,
그는 제가 테리 프리챗과 함께 쓴 책
《좋은 징조 Good Omens》의 팬이기도 했습니다.

팬 사인회에 길게 늘어선 줄과
신나서 야단법석을 떠는 사람들을 보고
그는 이렇게 말했습니다.

"정말 대단하네요. 이런 건 즐겨야 합니다."

King had liked Sandman and my novel with Terry Pratchett, Good Omens, and he saw the madness, the long signing lines, all that, and his advice was this:

"This is really great. You should enjoy it."

그러나 저는 즐기지 못했습니다.

제가 들었던 최고의 조언을
저는 무시한 것입니다.

즐기기는커녕 걱정을 했습니다.

다음 마감일을 걱정했고,
다음의 아이디어를,
그 다음의 스토리를 걱정했습니다.

그 후로 14~15년 동안 제 머릿속은 온통
무엇인가를 쓰거나 어떻게 쓸까 하는
생각뿐이었습니다.

And I didn't. Best advice I got that I ignored.Instead I worried about it. I worried about the next deadline, the next idea, the next story. There wasn't a moment for the next fourteen or fifteen years that I wasn't writing something in my head, or wondering about it.

저는 멈춰 서서 주위를 둘러보며,

'이거 정말 재미있겠는데'

라고 생각한 적이 없었습니다.
좀 더 즐겼어야 했는데요!

그랬더라면 엄청난 경험이
될 수도 있었겠지만,
아쉽게도 저는 그런 기회를
놓쳐버렸습니다.

일이 잘못될까 봐 지나치게 걱정했으며,
다음에 닥칠 일을 미리 걱정하기 바빠,
조금이라도 즐길 틈을 찾지 못했습니다.

And I didn't stop and look around and go, this is really fun. I wish I'd enjoyed it more. It's been an amazing ride. But there were parts of the ride I missed, because I was too worried about things going wrong, about what came next, to enjoy the bit I was on.

그 말은 제게
가장 큰 교훈으로 남아있습니다.

잠시 하던 것을 멈추고,
흘러가는 대로 그 과정을 즐겨 보세요.
기대하지 못했던 놀라운 경험이
기다리고 있을지 모릅니다.

That was the hardest lesson for me, I think: to let go and enjoy the ride, because the ride takes you to some remarkable and unexpected places.

늘 제가 서 있는 이 강단도
바로 그런 장소입니다.

저는 지금 이 순간을
최대로 즐기고 있습니다.

And here, on this platform, today, is one of those places. (I am enjoying myself immensely.)

이거 정말 재미있겠는데?

여기 계신 모든 졸업생 여러분!

여러분 모두에게 진심으로 행운을 빕니다.
행운이란 있으면 좋은 것이지요.

**여러분이 더 열심히,
더 지혜롭게 자기만의 일을 한다면
행운이 성큼 여러분 곁에 다가와 있음을
종종 발견하게 될 것입니다.**

To all today's graduates: I wish you luck. Luck is useful. Often you will discover that the harder you work, and the more wisely you work, the luckier you get.

저기 기다리고 있는
저 **행운**이
여러분을
도울 것입니다.

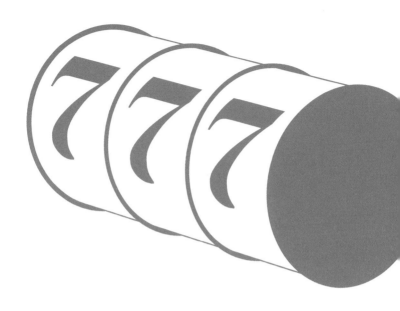

But there is luck, and it helps.

이거 정말 재미있겠는데?

우리는 지금
변해 가는 세상 속에 살고 있습니다.

제가 속한 예술 분야를 예로 들자면,
예술 작품의 유통 경로가 바뀌고 있습니다.
예술가들이 세상에 작품을 내놓고,
그것으로 돈을 벌어 생계를 유지하고,

샌드위치를 사 먹던 형태가
완전히 바뀌어 가고 있습니다.

We're in a transitional world right now, if you're in any kind of artistic field, because the nature of distribution is changing, the models by which creators got their work out into the world, and got to keep a roof over their heads and buy sandwiches while they did that, are all changing.

출판업계, 서적 유통업계 등
여러 분야에서 영향력을 끼치는 사람들과
대화해 본 결과,

누구도 10년은 고사하고,
앞으로 2년 내의 업계 판도도
전망하지 못했습니다.

지난 세기 동안 사람들이 구축해 놓은
출판 예술은 물론,
디자인, 시각 예술, 음악 등
모든 분야의 창의적 예술 유통 경로가
끊임없이 변화하고 있습니다.

I've talked to people at the top of the food chain in publishing, in bookselling, in all those areas, and nobody knows what the landscape will look like two years from now, let alone a decade away. The distribution channels that people had built over the last century or so are in flux for print, for visual artists, for musicians, for creative people of all kinds.

이것은 한편으로는 위협이지만,
또 한편으로는 예술가들에게
엄청난 해방감을 주는 것이기도 합니다.

많은 규칙, 선입견, 작품이
어떻게 보일 것인가에 따라야 했던
기존의 방식들이 무너져 내리고 있습니다.
예술 작품이 세상으로 들어가는 통로를
지키고 있던 문지기들이
떠나고 있는 것입니다.

비단 예술계뿐만 아니라
모든 분야가 다 마찬가지입니다.

Which is, on the one hand, intimidating, and on the other, immensely liberating. The rules, the assumptions, the now-we're supposed to's of how you get your work seen, and what you do then, are breaking down. The gatekeepers are leaving their gates.

이제 사람들에게
당신의 작업을 보여주고 싶다면
그 작품만큼 **창의적인 방식**을
생각해 내야 합니다.

유튜브와 웹(또, 유튜브와 웹 이후
무엇이 나오든)이 등장함으로써,
TV로만 작품을 접했던 때보다
훨씬 더 많은 사람이
여러분의 작품을 볼 수 있게 되었죠.

**오랜 규칙은 이제 무너지고 있습니다.
동시에, 그 누구도 어떤 새로운 관행이
만들어질지 예측할 수 없습니다.**

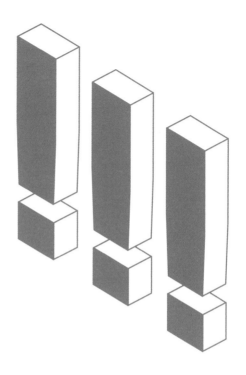

You can be as creative as you need to be to get your work seen. YouTube and the web (and whatever comes after YouTube and the web) can give you more people watching than television ever did. The old rules are crumbling and nobody knows what the new rules are.

그러므로, 이제

여러분만의 규칙을
만들어 나가십시오.

So make up your own rules.

최근에 한 여성분이 오디오 북 녹음이
본인에게는 어렵게 느껴진다며,
어려움이 느껴지는 일은
어떻게 해야 하냐고 질문을 해왔습니다.

그래서 저는
그것을 **할 수 있는 사람인 척**해보라고
조언했습니다.

Someone asked me recently how to do something she thought was going to be difficult, in this case recording an audio book, and I suggested she pretend that she was someone who could do it.

그 일을

하는 척하는 것이 아니라, 할 수 있는 사람인 척

하라는 것입니다.

Not pretend to do it, but pretend she was someone who could.

그분은 제 조언을
작업실 벽에 붙여 놓았고,
그 조언이 실제로 많은 도움이
되었다고 합니다.

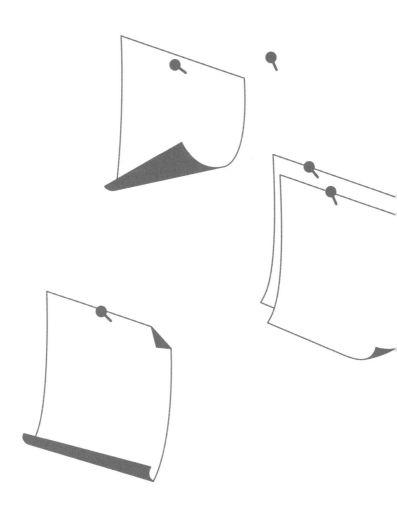

She put up a notice to this effect on the studio wall,
and she said it helped.

그러니 좀 더 지혜로운 사람이 되십시오.
세상은 더 많은 지혜를 필요로 합니다.

지혜로운 사람이 못되더라도
지혜로운 척이라도 하십시오.

**지혜로운 사람이라면 어떻게 할까
생각하고 행동**하십시오.

So be wise, because the world needs more wisdom, and if
you cannot be wise, pretend to be someone who is wise,
and then just behave like they would.

에필로그

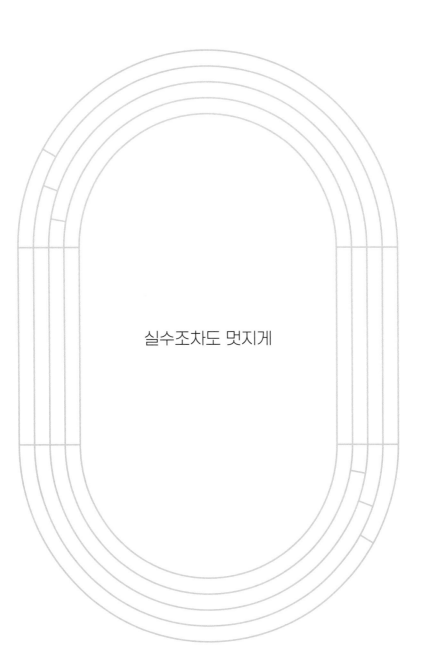

실수조차도 멋지게

자, 여러분.

이제 세상으로 나가서
예술가처럼 **멋진 실수**를 하십시오.

실수도 멋지게
하면 됩니다.

기상천외한 실수도
저질러 보고

눈에 확 띄는 실수도
저질러 보세요.

And now go, and make interesting mistakes, make amazing mistakes, make glorious and fantastic mistakes.

내가 하는 일은
이러이러해야 한다는

고정관념을 깨버리십시오.

Break rules.

실수조차도 멋지게

바로 그런 여러분이 있기에

세상이 더욱 흥미로워지는 것입니다.

Leave the world more interesting for your being here.

실수조차도 멋지게

여러분 모두
**저마다의 분야에서
좋은 예술가가
되길 바랍니다.**

Make good art.

부록

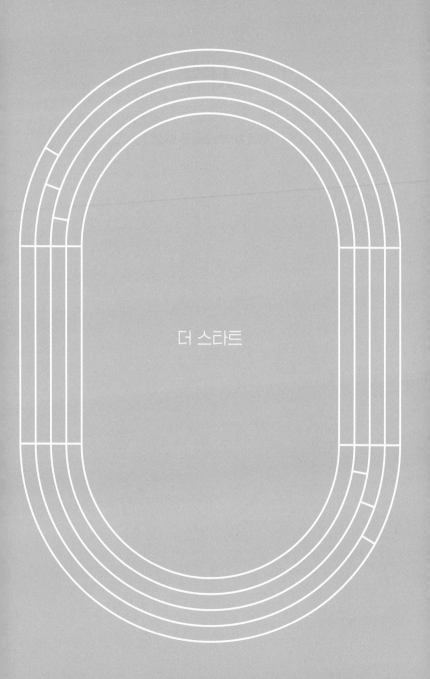

더 스타트

시작

새로운 일을 하면서 알게 되는 것

✳

내가 시작하고 싶은 일은?

그 중에 가능하다고 생각되는 일은?

그 중에 불가능하기에 포기해야 되는 일은?

목표

머나먼 산을 향해

✳

나는 그 일을 왜 하고 싶을까?
그 이유를 적어보자.

이유가 다 정리되었다면 그 일을 산이라고 생각해보자.

〔산을 오르기 위해 준비해야 할 것은?〕

실패

무인도와 빈 병 속의 편지들

＊

성공적이지는 않았지만 내가 한 노력들.
또는 실패한 것들을 빈 병을 그리고 그 안에 써 보자.

＊

그 중에 내게 다시 돌아온 병이 있는가?

실수

캐롤라인 VS 코렐라인

✦

최근에 시작한 일을 하면서 실수한 게 생각나는가?
적어보자.

✳

실수긴 하지만 사실 그건 내가 뭔가 하고 있다는 증거다.
그 실수를 활용할 순 없을까?

작품

나만의 색과 목소리

✦

나만이 할 수 있는 것은 뭐가 있을까?

잘 모르겠다면
내가 하고 싶은 일과 비슷한 일을 따라해 보자.

최고

셋 중에 두 가지만

✦

일을 잘하거나, 같이 일하기 편하거나, 마감을 잘 지키는 사람

이 세 가지 중에 내가 잘하는 두 가지는?

행운

이거 정말 재미있겠는데?

✦

너무 일상에 찌들어
즐기지 못하는 것이 있나요?

혹은 즐기지 못하고 찌들어 버린
예전의 상큼한 일이 떠오르나요?

옮긴이 | **명선혜**

이화여대 통역번역대학원 통역번역학(박사과정)전공. 한영국제회의통역사 및 전문번역가로 활동하였으며, 현재 번역에이전시 엔터스코리아에서 출판기획 및 전문번역가로 활동 중이다. 주요 역서로는 <똑똑한 여자는 쇼핑몰로 출근한다 : 상큼발랄한 그녀를 위한 9가지 쇼핑 테라피>, <부모와 아이 모두 행복하게 만드는 기적의 양육법>이 있다.

더 스타트 : 나를 완성하는 힘

초판1쇄 인쇄 2021년 8월 16일
초판1쇄 발행 2021년 8월 25일

지 은 이   닐 게이먼
옮 긴 이   명선혜

펴 낸 이   최현선
편   집   김하늘
마 케 팅   손은혜
디 자 인   LUCKYFINGERS
제   작   제이오

펴 낸 곳   오도스 출판등록 2019년 7월 5일 (제2019-000015호)
주   소   경기도 시흥시 배곧4로 32-28, 206호(그랜드프라자)
전   화   070-7818-4108 // **팩   스**   031-624-3108
이 메 일   odospub@daum.net

ISBN 979-11-91552-02-7 (03190)

odos 마음을 살리는 책의 길, 오도스